WATERLOO.

A vous beaux fils de France

MORTS POUR L'HONNEUR,

SALUT ET GLORIFICATION !

Qu'est-ce que l'Honneur ?
L'Honneur c'est l'Unité !

Prix : 25 *centimes.*

PARIS,

AU BUREAU DES PUBLICATIONS ÉVADIENNES,

11, Rue de Jouy-St-Antoine.

MDCCCXLIII.

Que ces pages soient la Prière de chaque jour de tout Français, jusqu'à l heure de Transfiguration qui est proche.

Que du Palais à la Mansarde, de l'Atelier à la Chaumière, le Frère la communique au Frère, la Sœur à la Sœur; car elle est parole de Vie et de Consolation.

WATERLOO!!

VENDREDI-SAINT.

Ils ont dit, les vaincus de Waterloo :
Oui! vaincus... — comme Léonidas aux Thermopyles!..
Oui! vaincus... — comme Socrate par la cigue!..
Oui! vaincus... — comme Christ sur le Golgotha!...

« Grande et terrible a été l'initiation. »
« Grande et divine sera la glorification. »

Il est un Nom qui, lorsqu'il retentit, frappe au Cœur trente-trois millions d'Hommes, fait incliner trente-trois millions de Têtes : un Nom qui jette à l'Ame une immense Larme que l'Œil ne peut pleurer, à l'Esprit un immense doute sous lequel il hurle oppressé ; c'est qu'il est des Noms qui à eux seuls sont des Poèmes, des Epopées, des Religions... des Abîmes au fond desquels est écrit NÉANT OU RÉGÉNÉRATION. Noms qui font que l'Homme, aussi grand par sa douleur que Dieu par toutes ses joies, se pose face à face avec le Créateur, et lui demande compte de ses Œuvres.

C'est que ce Nom est le *râle* d'une grande nation, le *cri du sang* d'un grand Peuple :

WATERLOO!!

Nom Auguste et Sanglant ! Quelle Enigme caches-tu dans tes flancs ? Ne serais-tu qu'épopée de Mort, la plus grande expression du Néant ; de ce que les Hommes ont appelé Gloire, Grandeur, Vie enfin ?

Quelques Gouttes d'Eau (1), et un grand Empire s'écroule, un Peuple de Martyrs tombe en Héros, et le Colosse roule dans l'Océan. Et après tant de Gloires, de Larmes et de Sang, que reste-t-il ? Deux Tombes, oui, deux seules, mais l'une remplit la Terre et l'autre la vaste Mer. Et dans la Poitrine déchirée de la grande Nation, deux Echos : Sainte-Hélène et Waterloo !....

Sainte-Hélène ! Roc Sacré sur lequel l'Univers a les yeux ; c'est que l'univers a compris que ci-gît le Roi des Rois, l'Empereur des Empereurs, **le Peuple fait Homme**, sur la tête duquel s'est posée la Couronne des Couronnes, s'est personnifié le saint dogme Souveraineté-Peuple.

Grand Caïn ! Sur ton front se sont

(1) On se souvient qu'il plut tout le temps que dura la bataille de Waterloo.

réfléchis toute la Splendeur et la Majesté de l'Unité, toutes les Douleurs et tout le Néant de l'individualité.

C'est que l'Œuvre de Napoléon, Empereur, est le grand Œuvre.

C'est que l'Œuvre de Napoléon, Chef de Famille, est Œuvre de Néant : car il était écrit que celui qui serait le grand Caïn n'aurait ni Ancêtres, ni Descendants : car il était écrit que Napoléon, Empereur des Français (incarnation de tous les Français dans un seul Français), n'aurait pour Père que le Père des Pères, le PEUPLE ! pour Mère que la Mère des Mères, la LIBERTÉ ! afin que le Beau-Fils, l'un des Éléments du nouveau corps de l'Homme, devînt de nouveau le Père du nouvel Adam de l'Humanité transfigurée.

Foudroyé à Waterloo, le Colosse s'est couché dans l'Océan, en attendant l'heure de Dieu. En tombant, il a englouti tout le Passé, après l'avoir écrasé au

Nom du saint dogme de la Souveraineté-Peuple : en se relevant, il relèvera tout l'avenir de l'Humanité.

Beau Précurseur de la Loi d'Amour, grand Laboureur de la Terre promise, grand Champion de la Liberté des Mers, toi que la mer recueillit lorsque la vieille Terre te rejetta, parce qu'elle était trop petite pour te contenir, grand Innomé ! ce que tu demandes aujourd'hui au Monde pour prix de ton Saint-Labeur, de ton beau Sillon de Gloire, ce n'es pas un tombeau, c'est une tempête ; ce n'est pas une Apothéose, c'est un Dogme, une Religion... Religion d'Amour, Religion d'Honneur ; toi qui le premier as senti que l'Honneur était l'Unité.

Penser un instant à ce que ce Nom Waterloo soulevait dans l'âme de l'Homme du Destin, râler une Minute de son Agonie de sept ans entre ces deux Échos : Sainte-Hélène et Waterloo, c'est com-

prendre qu'il est des Hommes-Dieu...
Par la douleur.

WATERLOO!!

Elle est là, sous son Linceul de Gloire, cette Phalange sacrée, la Garde : Tête et cœur des quatorze Armées républicaines ; ces Apôtres aux cent milles Têtes, qui, eux aussi, tombés invaincus en traçant le grand Sillon, sont tous morts pour l'Honneur et la Liberté !...

Waterloo ! devant ton ossuaire de Géants, l'Homme se contemple dans tout son Néant et dans toute son immensité, noyé dans ta Mer de Sang, le cœur traversé de la grande Épée qui a frappé : avant de lancer l'Anathême à Dieu, l'âme se recueille, écartelée entre la Terreur et l'Admiration : elle se demande qu'est-ce que l'Épée ? Qu'est-ce que le Sang ? Qu'elle est la mission du Sang et de l'Épée ?

l'Épée est à l'Humanité ce que le soc de la Charrue est à la Terre ; c'est elle qui a creusé le grand Sillon de l'Homme à Dieu ; c'est elle qui a préparé le sol de la Terre promise.

Le Sang est à l'Humanité ce que l'Eau est à la Terre ! C'est dans ces deux éléments que se développent le Germe, la Fleur et le Fruit de la Terre ; le Germe, la Fleur et le Fruit des Sociétés.

Le Fruit : c'est *l'Unité humaine.*

La Goutte devient Ruisseau, le Ruisseau Rivière, la Rivière Fleuve, et le Fleuve Océan ou Unité.

L'Homme devient Famille, la Famille Peuplade, la Peuplade Peuple, le Peuple Humanité ou Unité.

Le Sang versé fut d'abord une Goutte, puis un Ruisseau, une Rivière, un Fleuve, un Océan, et de la Goutte de Sang d'Abel à l'Océan de Sang de Waterloo, tout le Sang versé a coulé pour le beau Fruit l'Unité ; a arrosé le beau Fruit l'Unité. Aussi chacun des termes de l'idée humaine, qu'elle soit Politique, Sociale, ou Religieuse, vient se résumer pour le monde par un immense cri, WATERLOO ! C'est que là est le mot du grand Labeur d'Adam qui se nomma Abraham, Jacob, Moïse, puis Alexandre, Socrate, César, Mahomet, Charlemagne, enfin Jésus et Napoléon : Jésus le Christ-Abel, Napoléon le Christ-Caïn, grands Phares des Siècles, Synthèse vivante, sublimes formes par lesquelles l'Humanité est passée pour retourner à *l'Unité Adam*, d'où elle est primitivement sortie. Alors devant le grand Labeur de nos Pères, l'Anathême tombe, l'Homme devient Religieux, car il a enfin senti que c'est dans la Grandeur et la Majesté humaines que se révèle la Grandeur et la Majesté divines.....

Non, Waterloo ! Énigme redoutable dont l'Humanité attend le mot dans l'Angoisse et les Larmes, grande Hécatombe du Peuple mort pour le Salut des Peuples, non, tu n'es pas épopée de Mort. Le Néant seul serait : Dieu seul est, et peut être... Et la Sueur qui a pétri, les Larmes qui ont arrosé, le Sang qui a fécondé, sont montés jusqu'à lui.

Non, tu n'es pas épopée de Mort. La Mort n'est pas le Tombeau, elle est le Berceau d'une Vie plus grande, d'un amour plus infini.....

WATERLOO! tu es la *grande pierre* aux trois Sceaux sous laquelle Dieu voile le grand Mystère de Transfiguration. Sceaux sanglants qui nous enveloppent comme un Suaire de plomb, qui pèsent sur nous comme un Remords.

Sur le premier est écrit *Égalité*, 21 janvier 93; sur le second *Fraternité*, 9 thermidor an II; et sur le dernier *Liberté*, 5 mai 1821. Trilogie mystérieuse, qui cache dans ses flancs une trilogie plus mystérieuse encore ; Sceaux terribles, qui sont l'Hydre à la triple Tête, à qui la garde de la grande Pierre de l'Abîme est confiée. C'est que, dans les profondeurs de la volonté du Très-Haut, devant cette Pierre, l'Humanité sembla reculer ; sur cette Pierre fut scellé l'Esclavage du Monde ; c'est que, du haut de cette Pierre sacrée, le Colosse aux pieds d'argile du Passé, sous le Nom impie de Sainte-Alliance, trône encore en Maître et croit étouffer de son Cadavre en dissolution la *grande Révolution* pour laquelle sont morts les Pères, et pour le *Fruit* de laquelle sont prêts à mourir les Enfants.

Le Colosse aux pieds d'argile du Passé, c'est le vieux Monde dans sa triple face : Politique, Sociale et Religieuse, avec son dogme monstrueux du Droit Divin, et sa Loi impie et sacrilége de Compression, Résignation, Esclavage et Mort.....

Vieux Monde, tu es vaincu ! Nos Pères les Géants, ils l'ont conquise ta Terre de Misère et de Larmes. Vieux Monde tu es vaincu ! Nos pères, les Titans, ils l'ont escaladé ton Ciel de Résignés et d'Esclaves... Et après tant de Gloires, de Larmes et de Sang, que reste-t-il à nous leurs Enfants?

Une Marque au front : WATERLOO !..

Fils des Martyrs du monde, ne blasphémez pas, écoutez saintement et la marque au front se fera auréole de Lumière et de Gloire.

« Est le Fils de Dieu, est le Peuple de Dieu, celui qui se lève pour l'Unité et meurt pour l'Unité. »

Il fut un homme du nom de Jésus qui se leva et dit : « Tous les hommes sont Frères », et les Hommes le Crucifièrent.

Il est un peuple du nom de France,

qui se leva et dit : « Tous les Peuples sont Frères, » et les Peuples le crucifièrent.

WATERLOO EST LE GOLGOTHA-PEUPLE.

WATERLOO EST LE VENDRDI-SAINT DU GRAND CHRIST-PEUPLE !

Gardien du Champ du Potier, vieux Lion du Mont-Saint-Jean, du haut de sa Colonne triomphale de Juillet, le Lion des Peuples te regarde. A son rugissement de 1830 la Terre a tremblé, et les Peuples nos Frères ont enfin compris que sous ta peau de Lion n'était plus qu'un Squelette.

Aigle de France ! sors du Tombeau, et du Haut de l'Arc-de-Triomphe, ton grand autel de Gloire et d'Honneur, tonne au Monde. Le Lion de Waterloo se meurt : le Lion de Waterloo est mort !

Lion de Juillet ! l'Univers a sur toi

les yeux, veille, veille sans cesse aux pieds de la Liberté, notre Sainte-Mère, car l'heure de la grande FIANCÉE et du grand FIANCÉ est proche.

Au nom et par les Gloires, au nom et par les Sueurs, au nom et par le Sang du Peuple français, le Christ-Peuple mort pour le salut des Peuples, — aux Peuples : *Liberté*, *Égalité*, *Fraternité*, *Unité*.

Mes Sœurs et mes Frères,

S'il fait nuit dans votre Intelligence, s'il fait froid dans votre Cœur, si votre Ame râle et agonise, si vos Entrailles sont déchirées du mal de Mort, l'Égoïsme, c'est que vous êtes sans Unité, sans Dieu; et une Société sans Dieu, sans Unité, est un Corps sans tête, un Cadavre en dissolution, dont les émanations frappent de Mort les plus vigoureux. Lorsqu'il en est ainsi, et il en est ainsi, la Société doit mourir, aussi elle mourra, mais l'Humanité ne meurt pas : Fille de Dieu, elle marche à Dieu.

« Je vous le dis : l'Égoïsme c'est la Nuit, la Mort ; — l'Unité c'est la Vie, la Lumière.

Écoutez cette Parabole, et qu'elle soit pour vous étincelle de Vie et de Régénération :

« Un jour les Gouttes de l'Océan se divisèrent; chacune disait dans son orgueil, l'Océan c'est moi : Alors il se fit une grande Nuit, et à l'Unité, à la Majesté du grand Océan succéda un Chaos monstrueux.

« Un enfant arriva à l'heure de Dieu sur la grande Grève, et entendit ces Clameurs insensées. Il jetta dans cette mer d'Egoïsme, de Douleur et de Misère une frêle Coquille; aussitôt toutes les gouttes se précipitèrent isolément pour soulever le *Colosse*: toutes furent écrasées, et l'Océan divisé fut vaincu par une frêle Coquille. »

Je vous le dis en vérité, l'Océan divisé est votre Société.

L'*Enfant* est le *Fils* de la *Femme*, la Coquille est l'*Arche* de la *nouvelle Alliance*, et l'Océan reconstitué est l'UNITÉ ÉVADIENNE, dans laquelle tous sont Appelés, tous sont Élus, tous sont Réhabilités.

Que les Sourds entendent, que les Aveugles voient, car l'heure est proche...

De notre Grabat, en notre ville de Paris, la grande Éda de la Terre.

AU NOM DU GRAND ÉVADAH,
AU NOM DU GRAND DIEU,
Mère, Père,
A Paris, à l'Univers.
EXPANSION,
AMOUR.

LE MAPAH.

« *Il n'était que Poussière et Néant, une larme d'Amour tombée du Sein de la Mère l'a fait Vie et Lumière.* »

Imp. François et Comp., 32, rue du Petit-Carreau.

Publications Évadiennes.

WATERLOO.

VENDREDI-SAINT.

25 centimes.

---

14 Juillet 1789.

Noël.

25 centimes.

27-28-29 Juillet 1830.

Pâques.

25 centimes.

BUREAUX :

Rue de Jouy-Saint-Antoine, N° 11.

ET CHEZ TOUS LES LIBRAIRES.

1843

L'auteur de cette Trilogie prophétique, sous une forme poétique et religieuse, a donné l'explication des *Luttes du passé,* des *Incertitudes du présent*, et a tracé de sa plume de feu, le *Sillon consolant de l'Avenir*.

Se trouve chez tous les Libraires.

Imp. A. François et Ce, 32, rue du Petit-Carreau.

www.ingramcontent.com/pod-product-compliance
Lightning Source LLC
LaVergne TN
LVHW020521230826
846091LV00008BA/3509

* 9 7 8 2 0 1 3 5 5 3 8 0 3 *